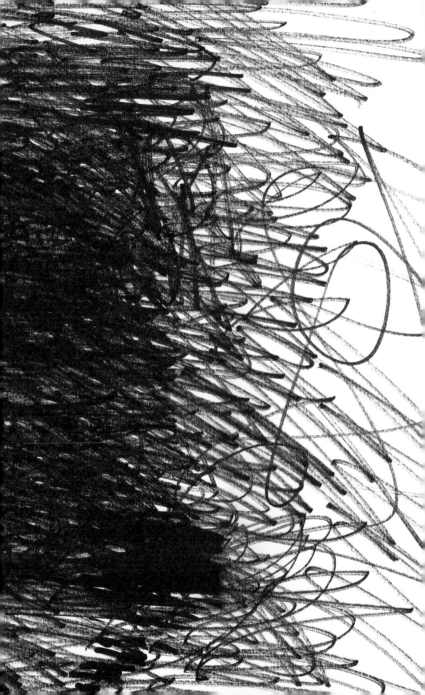

O livrinho do
MAU HUMOR

ESCRITO POR LOTTA SONNINEN

ILUSTRAÇÕES DE PIIA AHO

TRADUÇÃO DE KARINA DE PINO

GLOBOLIVROS

Copyright © 2019 by Editora Globo S.A. para a presente edição
Copyright do texto © Lotta Sonninen, 2018
Publicado originalmente por Otava, 2018

Publicado no Brasil com a permissão de Lotta Sonninen e
Elina Ahlback Agência Literária, de Helsinque, Finlândia.

Texto fixado conforme as regras do Acordo Ortográfico da Língua Portuguesa
(Decreto Legislativo nº 54, de 1995).

Título original: *Pieni pahan mielen kirja*

Editora responsável: Amanda Orlando
Assistente editorial: Isis Batista
Revisão: Júlia Ribeiro
Capa, projeto gráfico e ilustrações: Otava Publishing Company Ltd. e Piia Aho.
Diagramação e adaptação de capa: Equatorium Design

1ª edição: 2019

CIP-BRASIL. CATALOGAÇÃO NA PUBLICAÇÃO
SINDICATO NACIONAL DOS EDITORES DE LIVROS, RJ

S685L

Sonninen, Lotta
   O livrinho do mau humor / Lotta Sonninen ; tradução Karina de Pino. - 1. ed. -
Rio de Janeiro : Globo Livros, 2019.
   112 p. : il. ; 19 cm.

   Tradução de: Pieni pahan mielen kirja
   ISBN 978-65-80634-36-1

   1. Humor (Psicologia). I. Pino, Karina de. II. Título.

19-60310   CDD: 152.43
                                                                           CDU: 159.942.53

Meri Gleice Rodrigues de Souza - Bibliotecária CRB-7/6439
24/09/2019   27/09/2019

Este livro foi impresso em papel Offset 90 g/m², na Gráfica Santa Marta
São Bernardo do Campo, novembro de 2019.

Direitos exclusivos de edição em língua portuguesa para o Brasil
adquiridos por Editora Globo S.A.
Rua Marquês de Pombal, 25 — 20230-240 — Rio de Janeiro — RJ
www.globolivros.com.br

Índice

- Culpe os outros **7**
- Dê nome aos bois, às mulas, às antas... **21**
- Quem diz o que quer... **27**
- Canalize sua amargura **37**
- Todo dia é um dia ruim **43**
- A vida é uma merda na internet **51**
- Não esqueça, não perdoe **61**
- Encontre o mal no mundo **75**
- Piore o seu vocabulário **91**
- Desenhe para se estressar **101**
- Está chovendo ódio **109**

CULPE OS OUTROS

Liste o que há de errado com seu parceiro.

✗ _____

✗ _____

✗ _____

✗ _____

✗ _____

Liste o que há de errado com seus pais.

✗ _____

✗ _____

✗ _____

✗ _____

✗ _____

✗ _____

Liste o que há de errado com seus filhos.

X _____

X _____

X _____

X _____

X _____

Liste o que há de errado com seu chefe.

X _____

X _____

X _____

X _____

X _____

X _____

O que há de errado com seus amigos?

NOME	DEFEITOS

Com qual antigo **chefe/colega de trabalho/ funcionário** seu você ainda fica irritado e por quê?

Qual dos seus **ex** você ainda odeia e por quê?

Como você identifica um idiota **na fila do supermercado**?

Como você identifica um idiota andando **na calçada**?

Como você identifica um idiota no **RESTAURANTE**?

Como você identifica um idiota em um **encontro**?

Como você identifica um idiota
NO TRÂNSITO?

Como você identifica um idiota **NUM PAÍS ESTRANGEIRO**?

Como você identifica um idiota na internet?

Como você identifica um idiota **NO TRABALHO**?

Idiotas que conheci **no trabalho**:

Idiotas que conheci NA RUA:

IDIOTAS QUE CONHECI em encontros:

Idiotas que conheci *em bares*:

_____
_____
_____
_____

Idiotas que conheci **POR CAUSA DOS MEUS HOBBIES**:

_____
_____
_____
_____

Idiotas que conheci *online*:

_____
_____
_____
_____

Liste conhecidos ou celebridades que...

... tiveram tudo de maneira muito fácil.

X

X

X

X

... pensam muito sobre si mesmos.

X

X

X

X

... não têm ideia do que é melhor para eles.

X

X

X

X

... devem simplesmente voltar para a escola.

✗
✗
✗
✗

... devem pensar melhor antes de abrir a boca.

✗
✗
✗
✗

Sem dúvida, o tipo mais chato de pessoa é:

A mania mais irritante do seu chefe é:

A mania mais irritante do seu parceiro é:

A mania mais irritante do seu professor é:

A mania mais irritante do seu filho é:

A mania mais irritante da sua avó é:

_____
_____
_____

A mania mais irritante do seu vizinho é:

_____
_____
_____

A coisa mais irritante na TV é:

_____
_____
_____

A coisa mais irritante na política é:

_____
_____
_____

DÊ NOME AOS BOIS, ÀS MULAS, ÀS ANTAS...

O que há de errado com sua vida?

DE QUEM É A CULPA?

Faça uma lista de pessoas que são **mais bem-sucedidas** do que você apesar de serem **menos talentosas**:

✗ _____

✗ _____

✗ _____

✗ _____

✗ _____

✗ _____

✗ _____

✗ _____

✗ _____

✗ _____

✗ _____

EU TENHO INVEJA DO(A)...

NOME	MOTIVO

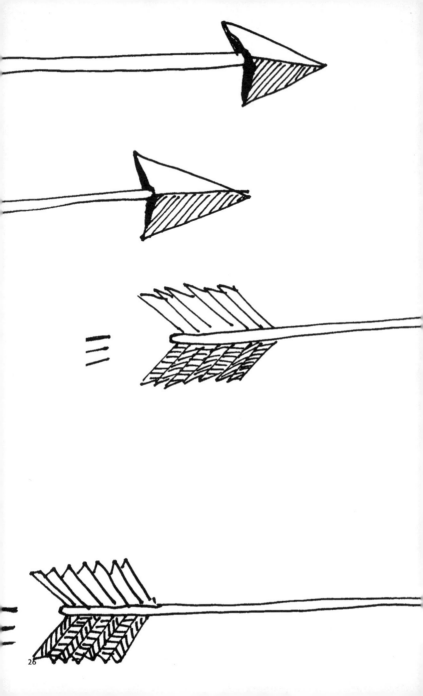

QUEM DIZ O QUE QUER...

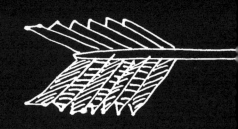

A maioria das pessoas não entende estas coisas extremamente simples:

Cite quatro pessoas com quem você gostaria de
DESABAFAR.

Use os balões para jogar tudo na cara delas.

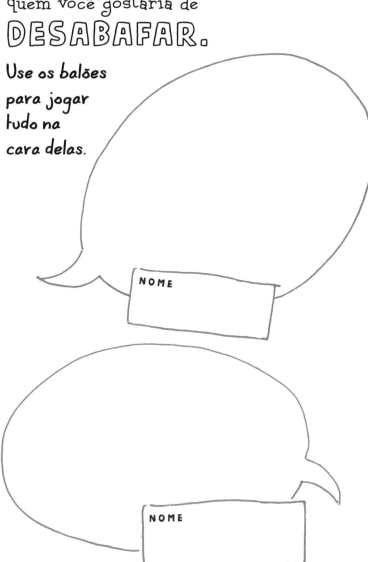

NOME

NOME

Escreva um bilhete desagradável para SEU VIZINHO IRRITANTE.

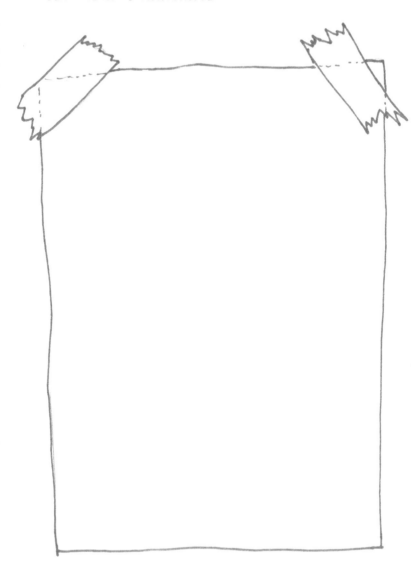

Escreva uma mensagem para
o ex-professor que você AINDA **ODEIA.**

Escreva uma mensagem para um vendedor/garçom/etc. **que tenha tirado você do sério em algum momento.**

Escreva uma mensagem para aquele seu ex que você acha que ainda é **um vampiro sanguinário.**

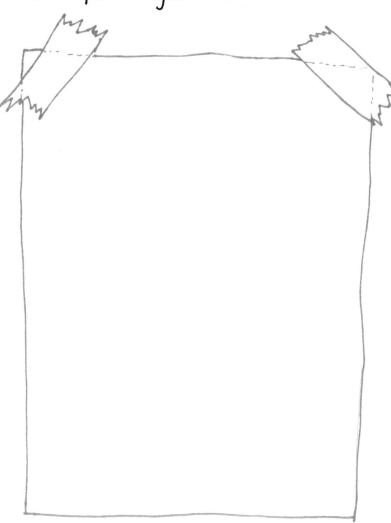

CANALIZE SUA AMARGURA

Pense em três maneiras de irritar **SEU PARCEIRO**.

-

-

-

Pense em três maneiras de irritar **SEUS PAIS**.

-

-

-

Pense em três maneiras de irritar **SEUS COLEGAS**.

-

-

-

Pense em três maneiras de irritar
SEU CHEFE.

-

-

-

Pense em três maneiras de irritar
SEUS COMPANHEIROS DE VIAGEM.

-

-

-

Pense em três maneiras de ser irritante
ON-LINE.

-

-

-

Preencha as lacunas:

Minha vida seria muito mais fácil se não fosse

_____.

O mundo seria um lugar muito melhor se não fosse

_____.

_____ não consegue nem _____,
e ainda assim ele/ela sempre _____.

Eu fico p#t% da vida e perco a cabeça quando _____
começa a falar sobre seu/sua _____.

Da próxima vez que _____ começar a _____
_____, eu vou quebrar a cara dele/dela.

Eu não sei por que eu sempre _____
_____ com _____.

Eu realmente não sei por que _____
_____ foi inventado.

Eu não entendo por que os homens sempre têm que _____
_____.

Eu não entendo por que as mulheres sempre têm que

_____.

Eu não entendo por que as crianças sempre têm que _____

_____.

Eu não entendo por que _____ sempre tem que

_____.

Pelo amor de Deus, estamos no século XXI! Por que _____

_____ ainda _____?

Se eu soubesse que _____,

eu nunca teria _____.

Todos os _____ são idiotas porque

_____.

Se eu pudesse decidir, seria proibido _____

_____.

Se eu pudesse decidir, _____

sumiria da Terra.

Liste o que deu errado nesta semana:

	ME TIROU DO SÉRIO	ARRUINOU MEU DIA
segunda-feira		
terça-feira		
quarta-feira		

quinta-feira

sexta-feira

sábado

domingo

As férias dos meus
PESADELOS

Lugar:

Pessoas:

Atividades:

Cardápio:

O Natal dos
INFERNOS

Lugar:

Pessoas:

Atividades:

Cardápio:

Mantenha um diário da ingratidão!
O que te irritou nesta semana?

Na segunda-feira eu me irritei com...

Na terça-feira eu me irritei com...

Na quarta-feira eu me irritei com...

Na quinta-feira eu me irritei com...

Na sexta-feira eu me irritei com...

No sábado eu me irritei com...

No domingo eu me irritei com...

Atualizações de status enfurecedoras:

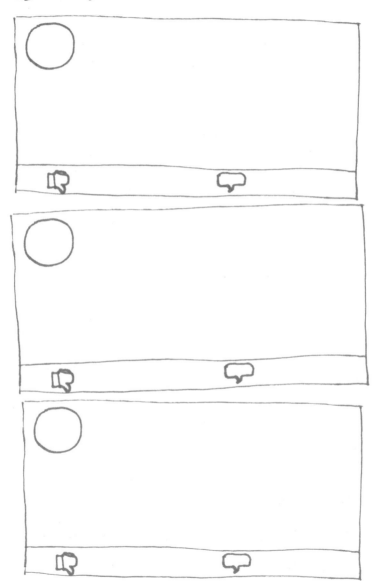

Comentários estúpidos:

○

○

○

Instabosta:

☐

☐

☐

☐

Os tweets mais cagados:

 Emojis que mereciam um soco na cara:

Piores problemas que um computador pode dar:

Os suportes de TI mais incompetentes:

Desenhe novos emojis para expressar raiva ou frustração.

Use este espaço para escrever e-mails que você gostaria de enviar, mas que nunca terá coragem.

Para:

Cc:

Assunto:

Mensagem:

✕   ➤

Para:

Cc:

Assunto:

Mensagem:

✕ ➢

Para:

Cc:

Assunto:

Mensagem:

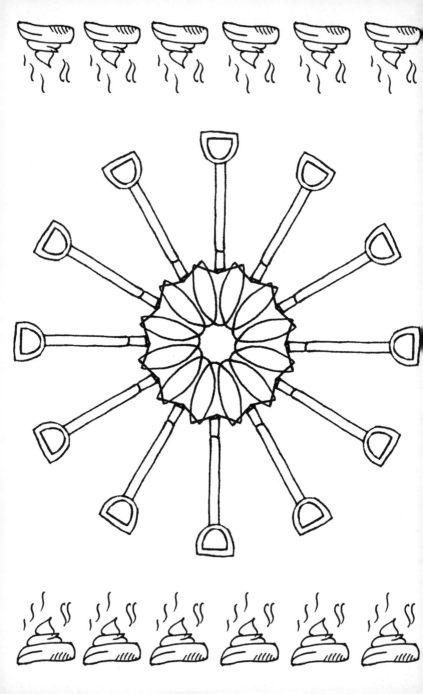

NÃO ESQUEÇA, NÃO PERDOE

Do que eu mais me arrependo...

O que eu **nunca** vou perdoar...

Eu AINDA estou magoado com...

Liste situações em que você pensou em voltar se vingando e **DANDO A VOLTA POR CIMA.**

TEMPO, LUGAR E PESSOAS	VINGANÇA PERFEITA

TEMPO, LUGAR E PESSOAS   **VINGANÇA PERFEITA**

Pior **DESASTRE DE VIAGEM:**

Pior **DESASTRE DE RELACIONAMENTO:**

Pior desastre no *guarda-roupa:*

Pior DESASTRE NA COZINHA:

Pior *desastre higiênico:*

Pior desastre de "faça você mesmo":

Pior **DESASTRE DE E-MAIL:**

Pior **DESASTRE DA INFÂNCIA:**

A pior lembrança de *estar no palco:*

_____
_____
_____

A pior lembrança de **MERENDA ESCOLAR:**

_____
_____
_____

A pior lembrança de **VESTIÁRIO:**

_____
_____
_____

A pior lembrança de *médico:*

_____
_____
_____

A pior lembrança de *dentista:*

A pior lembrança de um **ENCONTRO AMOROSO:**

A pior lembrança de um **EMPREGO TEMPORÁRIO:**

A pior lembrança de uma **CONVERSA COM SEUS PAIS:**

ENCONTRE
O MAL
NO MUNDO

O que estraga seu **TRABALHO?**

O que estraga seu *café da manhã?*

O que estraga um **passeio de carro**?

O que estraga uma VIAGEM DE ÔNIBUS?

O que estraga um *voo*?

O que estraga uma *ida a um restaurante*?

O que estraga um FILME?

O que estraga uma XÍCARA DE CAFÉ?

O que estraga um novo **CORTE DE CABELO?**

O que estraga uma **NOITE EM CASA?**

O que estraga um **PROGRAMA DE TV?**

O que estraga um **LIVRO?**

O que estraga uma **balada**?

O que estraga uma *festa*?

O que estraga suas **COMPRAS NO SHOPPING**?

O que estraga um TREINO NA ACADEMIA?

Qual é a coisa mais irritante **NA CIDADE**?

Qual é a coisa mais irritante **NO CAMPO**?

Qual é a coisa mais irritante **NO GOVERNO**?

Qual é a coisa mais irritante que você lê nos **JORNAIS**?

Qual é a coisa mais irritante na **NETFLIX**?

Qual é a coisa mais irritante na **SOCIEDADE**?

Qual é a coisa mais irritante na **LEI**?

O que mais te incomoda **nas crianças**?

O que mais te incomoda nos **ADOLESCENTES**?

O que mais te incomoda *nos adultos*?

O que mais te incomoda **NOS IDOSOS**?

O que mais te incomoda nos **ANIMAIS**?

O que mais te incomoda em **você**?

O que mais te incomoda **neste livro**?

O clima de que eu menos gosto é...

A comida de que eu menos gosto é...

O drink de que eu menos gosto é...

A atração turística mais inútil é...

A forma mais estúpida de entretenimento é...

A pior música é...

A pior tarefa doméstica é...

O tipo mais estúpido de exercício é...

A peça de roupa mais ridícula é...

O símbolo de status mais ofensivo é...

DESENHE ALGO ESTÚPIDO E SEM SENTIDO.

A invenção mais inútil é...

O hobby mais inútil é...

O trabalho mais inútil é...

O animal mais inútil é...

O lema mais inútil é...

O tópico de conversa mais inútil é...

O maior desperdício de dinheiro é...

É embaraçoso...

É ridículo...

É infantil...

É rude...

É muito estranho...

É imperdoável...

É superestimado...

Liste todas as DORES que você já sentiu, sente agora ou tem medo de sentir no futuro.

PIORE O SEU VOCABULÁRIO

IRRITANTE, chato, FRUSTRANTE ...

Continue a lista!

IDIOTA, **palhaço**, *estúpido*...

Continue a lista!

Escreva **palavrões** e *insultos* em diferentes caligrafias.

Por que você não vai...

Vai tomar no...

Escreva todos os palavrões que você conhece **em uma língua estrangeira.**

Escreva todos os palavrões que você conhece **em português**.

Quais gírias da internet você mais odeia?

Quais clichês são mais clichês?

Que palavras você acha mais revoltantes?

Quais são as "palavras de sabedoria" mais idiotas?

Palavras usadas apenas por:

MAROMBEIROS IGNORANTES

ESNOBES PRETENSIOSOS

ADOLESCENTES

VELHOS CAQUÉTICOS

DESENHE PARA
SE ESTRESSAR

Dê a este **boneco de vodu** um rosto ou outras características particulares.

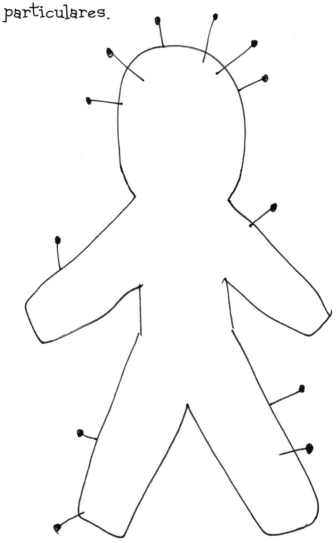

Desenhe um animal HORROROSO.

Desenhe e pinte
UMA ROUPA VULGAR.

Desenhe e pinte
ALGUMA COMIDA BEM NOJENTA.

Desenhe uma **placa de trânsito** para proibir algo que você odeia.

Desenhe um papel de parede **bem feio**.

ESTÁ CHOVENDO
ÓDIO

EU ODEIO
- ☐ Transporte público
- ☐ Carros
- ☐ Pedestres
- ☐ Ciclistas
- ☐ _____

PORQUE_____
_____

EU ODEIO
- ☐ Primavera
- ☐ Verão
- ☐ Outono
- ☐ Inverno
- ☐ _____

PORQUE_____
_____

EU ODEIO
- ☐ Futebol
- ☐ Vôlei
- ☐ Tênis
- ☐ Golfe
- ☐ _____

PORQUE_____
_____

EU ODEIO
- ☐ Natal
- ☐ Ano-novo
- ☐ Meu aniversário
- ☐ Feriados
- ☐ _____

PORQUE_____
_____

EU ODEIO
- ☐ Comprar roupas
- ☐ Comprar sapatos
- ☐ Comprar presentes
- ☐ Comprar um celular novo
- ☐ _____

PORQUE_____
_____

EU ODEIO
- ☐ Cachorros
- ☐ Gatos
- ☐ Porquinhos-da-índia
- ☐ Donos de animais de estimação
- ☐ _____

PORQUE_____
_____

EU ODEIO
- ☐ Funk
- ☐ Sertanejo
- ☐ Heavy metal
- ☐ Música clássica
- ☐ _____

PORQUE_____
_____

EU ODEIO

- ☐ Atum
- ☐ Fígado
- ☐ Batata-doce
- ☐ Tudo que é saudável
- ☐ _____

PORQUE _____
_____

NA ESCOLA, EU ODIAVA

- ☐ Português
- ☐ Educação Física
- ☐ Matemática
- ☐ Geografia
- ☐ _____

PORQUE _____
_____

EU ODEIO

- ☐ Calça legging
- ☐ Terno e gravata
- ☐ Meias de lã
- ☐ Macacão
- ☐ _____

PORQUE _____
_____

EU ODEIO

- ☐ Passar o aspirador de pó
- ☐ Lavar roupa
- ☐ Passar roupa
- ☐ Lavar louça
- ☐ _____

PORQUE _____
_____

EU ODEIO

- ☐ Letra arredondada de professora
- ☐ Quadro de recados
- ☐ Reuniões de condomínio
- ☐ Pessoas
- ☐ _____

PORQUE _____
_____

EU ODEIO

- ☐ _____
- ☐ _____
- ☐ _____
- ☐ _____
- ☐ _____

PORQUE _____
_____

Tenha um péssimo dia!